DISCOURS

DE M. C. MARIONNEAU

Correspondant de l'Institut

PRONONCÉ

A L'INAUGURATION DU MONUMENT

PAUL BAUDRY

AU MUSÉE DE LA ROCHE-SUR-YON

Le 28 Avril 1889

BORDEAUX

IMPRIMERIE G. GOUNOUILHOU

II, RUE GUIRAUDE, II

—

1889

DISCOURS

DE M. C. MARIONNEAU

Correspondant de l'Institut

PRONONCÉ

A L'INAUGURATION DU MONUMENT

PAUL BAUDRY

AU MUSÉE DE LA ROCHE-SUR-YON

Le 28 Avril 1889

MONSIEUR LE MAIRE,
MESDAMES,
MESSIEURS,

C'est au nom des anciens camarades de l'atelier Drölling (¹) que je prends ici la parole. Nous étions au début de
la vie artistique de Paul Baudry, il m'est doux d'assister
au solennel hommage que vous lui rendez actuellement.
Plusieurs de ceux que je représente auraient pu tracer en
meilleurs termes les faits qui vont être exposés, mais je
puis affirmer que pas un d'entre eux ne démentirait les souvenirs intimes qui seront rappelés et formeront seuls la
substance de ce petit discours familial. Les mérites de votre
grand peintre ayant été célébrés par les plus savants criti-

(¹) Michel-Martin Drölling, peintre, né à Paris en 1786. Il entra dans l'atelier
de David vers 1805 et obtint le premier grand prix de Rome en 1810. Il fut
nommé membre de l'Institut en 1833 et chevalier de la Légion d'honneur en
1837. Drölling mourut à Paris le 8 janvier 1851.

ques d'art, par ses éminents confrères de l'Institut, ce serait être mal inspiré que de parler, après ceux qui ont si bien dit tout ce qu'on pouvait dire.

C'est uniquement de la toute jeunesse de mon illustre ami que je vais vous entretenir, et pour cela permettez-moi de relire les pages de ma vingtième année.

Dès le commencement de 1845, au lendemain de son arrivée à Paris, Paul Baudry fit son entrée à l'atelier de Michel-Martin Drölling, rue de Sèvres, n° 11, où j'entrais au mois de mai suivant. De même que mes chers et vieux compagnons de jeune âge : Marquerie, Mayre, de Curzon, Moyse, Merson, Belliveaux, Chevignard, Saintin, Henner, Vigot, Chaplin, Breton et tant d'autres (1) — depuis long-temps disparus, non sans laisser des preuves d'un mérite réel — je fus témoin des premières études sérieuses de notre camarade Baudry et de son existence des plus modestes, place Saint-Germain, dans son humble chambrette, située au niveau des toits, où il vivait totalement absorbé par des lectures graves, instructives, ou par des labeurs incessants. Baudry n'avait alors que 17 ans : de nous tous, il était le plus jeune et néanmoins il donnait déjà les plus solides et les plus brillantes espérances.

Ah! notre vénéré maître ne se trompait pas. Aussi, trai-tait-il comme son élève favori le petit Vendéen. A l'intérieur de l'atelier comme au dehors, le vieil élève du grand David, lauréat du concours de Rome en 1810, entrevoyant l'avenir de son disciple préféré, lui témoignait une sollicitude dont nous n'étions nullement jaloux, car ce n'est pas au prin-

---

(1) M. Jules Breton, membre de l'Institut, dans sa *Notice sur Paul Baudry*, lue à l'Académie des Beaux-Arts, séance du 22 mai 1886, rappelle les noms des camarades de l'atelier Drölling, enlevés à l'art et à leurs amis et qui ont donné des témoignages d'un beau talent.

temps de la vie que se produit ordinairement l'égoïsme. Et puis, il fallait bien se rendre à l'évidence : les travaux de Baudry se distinguaient entre tous par leur originalité, par la simplicité et la solidité de leur exécution.

Deux ans s'écoulèrent dans un profond recueillement. Ses dominantes pensés étaient l'étude, l'amour de la famille et de son pays, et Dieu seul savait tout ce que Baudry ressentait en son âme d'énergique volonté, d'ambition légitime, de désirs ardents pour justifier les prévisions flatteuses que l'on avait fondées sur lui. Enfin, arriva l'année 1847, que la ville de la Roche devrait marquer de blanc, suivant l'usage antique, car à cette date, celui dont vous honorez aujourd'hui la mémoire fit sa véritable entrée dans la carrière glorieuse qu'il allait parcourir.

En 1847, au concours du Grand Prix, à l'École des Beaux-Arts, Baudry montait en loge pour la première fois, et quelques mois après l'Académie lui décernait le second grand prix de Rome !

Ah ! Messieurs, je ne doute pas du bonheur inouï que dut éprouver la famille du jeune lauréat et surtout son cher père et sa chère mère ; je ne doute pas de la très naturelle et légitime satisfaction que durent ressentir les habitants de la Roche, les amis d'enfance du petit Paul et tous les Vendéens, si jaloux de l'honneur du pays ; mais, croyez-le bien, grande fut aussi l'émotion dans une autre famille, celle de ses bons camarades. Plusieurs d'entr'eux ne se possédaient pas de joie et le lui prouvèrent chaleureusement, car à vingt ans l'on ne modère point les élans affectueux.

Et puis, non seulement Baudry remportait un succès personnel, mais il obtenait un succès d'atelier dont nous avions tous lieu de nous enorgueillir.

Ce prix de l'Institut fut la première étape de notre ami vers la célébrité. Et il en avait conscience lorsqu'il écrivait à l'un de ses plus dévoués protecteurs :

« Je sens que j'ai maintenant fait un grand pas, mais ce » n'est que le premier. »

En effet, tout incomplet que soit le tableau de *Vitellius*, il porte déjà l'empreinte d'une riche organisation. Du reste, voici comment le décrit l'un des nôtres, qui a bien qualité pour juger les œuvres de Paul Baudry et dont il est le successeur à l'Académie des Beaux-Arts ; j'ai nommé Jules Breton :

« La *Mort de Vitellius* renferme d'étonnants morceaux » lorsqu'on songe au jeune âge du peintre qui les exécutait. » Certes, cette toile, pleine de défauts, est abrupte, terreuse et » gâtée par des banalités écolières : la draperie rouge qui est » censée recouvrir des jambes absentes est d'une coloration » criarde, nullement soutenue par son entourage. Mais le » torse et la tête de Vitellius ne sont-ils pas simples, puis- » sants et dramatiques ? Le jeune peintre n'y a-t-il pas » bien exprimé l'effarement stupide de ce maître du monde » roulant du trône à l'égout, en proie aux fureurs sangui- » naires d'une populace effrénée ?...

» Combien nous fûmes frappés de l'extraordinaire énergie » et de la hardiesse de son Vitellius, renversé la tête en » avant, les mains rougies et tuméfiées par les liens qui les » serrent. »

Non, je ne saurais trop le dire, ce second prix, si vail- lamment conquis par notre jeune camarade, avait provoqué chez plusieurs d'entre nous un enthousiasme indescriptible, car ce n'était pas seulement au succès de l'heure présente que nous applaudissions si frénétiquement, mais au bel avenir qui s'ouvrait devant notre ami. Devançant le cours des années, nous pressentîmes une renommée future ; mieux que cela, nous reconnûmes les signes précurseurs d'une grande gloire française! Voilà ce qui fit naître l'exaltation de 1847 et ce qui fait notre félicité d'aujourd'hui.

O chers et doux souvenirs de jeunesse! Oui, je comprends tout l'attendrissement que doivent ressentir les survivants de l'époque lointaine que je viens d'évoquer.

Les années 1848 et 1849 ne s'écoulèrent pas sans que Baudry remportât de nouvelles palmes scolaires, entr'autres la mention honorable du prix fondé par le célèbre peintre de La Tour; ce qui n'empêchait pas notre camarade de mettre de plus en plus en pratique la pensée si morale qu'il exprimait dans une de ses lettres à son père : « Un » homme est coupable de ne pas faire tous ses efforts pour » s'instruire. »

En 1850, eut lieu le triomphe définitif à l'École des Beaux-Arts, au concours de peinture historique dont le sujet était : *Zénobie trouvée sur les bords de l'Araxe*. A propos de ce tableau, un critique en renom s'exprimait ainsi : « L'œuvre » de M. Baudry n'offre peut-être pas les conditions toutes » spéciales que le goût et la science académique imposent, » assez justement du reste, aux concurrents. Son dessin n'est » pas d'un classique bien pur... mais la composition nous » paraît plus fortement conçue, plus riche en motifs, l'exé- » cution plus libre et plus vigoureuse que dans la plupart » des autres toiles. Quelques-unes de ses figures ont une » véritable physionomie, un geste, un mouvement, ce qu'on » chercherait vainement ailleurs : par exemple, le pâtre à » genoux regardant cette belle femme évanouie, d'un air de » surprise, de curiosité et d'intérêt, et le jeune homme à » longs cheveux blonds, debout au second plan, tenant un » sac dans lequel un vieux berger prend une gourde. Il est » fâcheux que la figure de Zénobie soit restée à la brosse;

» la chevelure est à peine massée. Il faut certes bien qu'il
» y ait des défauts dans un tableau de concours, ou qu'on
» y en trouve. Il est même probable qu'on en relèvera plus
» dans celui-ci que dans les autres, ce qui est un signe
» indirect, mais assez sûr, d'une supériorité relative. »

Cette supériorité fut reconnue par l'Institut, et le mois
d'octobre suivant, le nom de Paul-Jacques-Aimé Baudry
était proclamé sous la coupole du Palais-Mazarin comme
premier grand prix de Rome !

Quelques jours après, l'atelier Drölling était en liesse et,
sous la présidence de notre bien-aimé patron, le banquet des
adieux était offert à Paul Baudry. Que d'étreintes frater-
nelles, que de toasts et de vœux d'avenir furent exprimés et
quelle touchante scène que ces embrassements du vieux
maître et du jeune lauréat ! Puis, Baudry partit pour l'Italie
d'où nous sont revenus : *La lutte de Jacob avec l'ange*, que
possède votre musée; *La Fortune et le jeune enfant*,
que je regarde comme le frontispice de l'histoire de sa vie;
Le supplice d'une vestale, qui posa les assises fondamentales
du monument que vous consacrez à son souvenir.

A ces ouvrages, envois de Rome, doit s'arrêter l'hommage des vieux camarades de Paul Baudry, car désormais
ses tableaux et son nom seront de plus en plus populaires,
et ce ne sera pas seulement de la Roche qu'on aura les
yeux fixés sur lui, mais de la France entière.

Ainsi s'expliquent les deux monuments commémoratifs
érigés simultanément à sa mémoire. Au Père-Lachaise
s'élèvera l'apothéose du grand artiste français, œuvre su-
perbe de son frère Ambroise et de ses illustres confrères de
l'Institut.

A la Roche, ce sera l'ovation des amis de la première
heure et de ses bien-aimés Vendéens. Votre musée pos-

sédera véritablement le reliquaire des souvenirs d'enfance et de jeunesse de Paul Baudry, mis incessamment sous les yeux de ses compatriotes, comme exemple d'une vie dont ils devront s'inspirer, car ils y trouveront *l'amour du travail, la ferme volonté, la droiture du cœur*, ce qui constitue le plus beau caractère de l'homme.

Et lorsque le voyageur instruit, l'étranger curieux, le véritable ami des arts parcourront notre belle patrie, s'ils s'arrêtent à Montauban pour admirer le grand Ingres; au musée d'Angers, pour y étudier l'œuvre immense du statuaire David, ils s'arrêteront à la Roche, pour y saluer le point de départ de la gloire de Paul Baudry!

Bordeaux. — Imprimerie G. COUNOUILHOU, rue Guiraude, 11.

www.ingramcontent.com/pod-product-compliance
Lightning Source LLC
LaVergne TN
LVHW010914180726
843502LV00010B/4126